Bonaventure

Itinéraire de l'âme à Dieu

Ouvrage mystique

 Le code de la propriété intellectuelle du 1er juillet 1992 interdit en effet expressément la photocopie à usage collectif sans autorisation des ayants droit. Or, cette pratique s'est généralisée dans les établissements d'enseignement supérieur, provoquant une baisse brutale des achats de livres et de revues, au point que la possibilité même pour les auteurs de créer des œuvres nouvelles et de les faire éditer correctement est aujourd'hui menacée. En application de la loi du 11 mars 1957, il est interdit de reproduire intégralement ou partiellement le présent ouvrage, sur quelque support que ce soit, sans autorisation de l'Éditeur ou du Centre Français d'Exploitation du Droit de Copie , 20, rue Grands Augustins, 75006 Paris.

ISBN : 9782379760211

10 9 8 7 6 5 4 3 2 1

Bonaventure de Bagnorea

Itinéraire de l'âme à Dieu

Ouvrage mystique

Table de Matières

PROLOGUE	6
CHAPITRE PREMIER	8
CHAPITRE II	14
CHAPITRE III	22
CHAPITRE IV	27
CHAPITRE V	32
CHAPITRE VI	36
CHAPITRE VII	40

PROLOGUE

J'invoque, en commençant, le premier principe, le Père éternel, d'où descend toute illumination, comme de la source même des lumières, d'où viennent toute grâce excellente et tout don parfait ; je l'invoque par Jésus-Christ, son Fils et Notre-Seigneur, afin que, par l'intercession de la très-sainte vierge Marie, Mère de ce même Fils, et du bienheureux François, notre guide et notre père, il éclaire les yeux de notre fine et dirige nos pas dans la voie de cette paix qui surpasse tout sentiment. C'est Jésus-Christ qui l'a enseignée et donnée aux hommes, et de nos jours, François, notre salut père, en a été de nouveau le prédicateur, car il l'annonçait au commencement et à la fin de toutes ses prédications, il la souhaitait en toute rencontre et soupirait après elle en toutes ses contemplations, semblable à cet homme de Jérusalem, à ce prophète pacifique qui se conservait dans la paix avec ceux qui haïssaient la paix, et s'écriait : Demandez tout ce qui peut contribuer à la paix de Jérusalem. En effet, il savait que le trône de Salomon n'était fondé que sur la paix, car il est écrit : Il a établi sa demeure dans la paix et en séjour dans Sion.

Comme à l'exemple de notre bienheureux père, dont je suis, malgré mon indignité parfaite, le septième successeur dans la charge de supérieur général de mes frères, je brûlais du désir de trouver la paix; il m'est arrivé, par une grâce du ciel, de me retirer au mont Alverne, comme en un lieu de repos, afin chercher cette paix de l'âme, trente-trois ans après que saint François y eut séjourné. Là méditant par duels exercices spirituels je pourrais m'élever jusqu'à Dieu, je me rappelai entre autres choses le miracle arrivé à notre père en ce lieu même, la vision d'un séraphin ailé, qui lui apparut crucifié. Après y avoir réfléchi, il me sembla aussitôt que cette vision nous représentait le ravissement de François en sa contemplation, et qu'elle nous montrait la voie pour y parvenir. Car par les six ailes du séraphin on peut entendre six élévations diverses où l'âme est illuminée successivement, et qui lui sont comme autant de degrés pour arriver, au milieu des ravissements enseignés par la sagesse chrétienne, à la possession de la paix.

Or, la voie qui y conduit n'est autre qu'un amour très-ardent pour Jésus crucifié ; c'est cet amour qui, après avoir ravi saint Paul jusqu'au troisième ciel, le transformera en son Sauveur, de telle sorte qu'il s'écriait : Je suis attaché à la croix avec Jésus-Christ. Je vis; mais non, ce n'est plus moi qui vis, c'est Jésus-Christ qui vit en moi. C'est cet amour qui absorba tellement l'âme de François que ses traces, se manifestèrent en sa chair lorsque, pendant les deux dernières années de sa vie, il porta en son corps, les stigmates sacrés de la Passion.

Ces six ailes du séraphin sont donc six degrés successifs d'illumination, qui partent de la créature pont nous conduire jusqu'à Dieu, à qui l'on ne saurait arriver que par Jésus crucifié. Car celui qui n'entre pas par la porte en la bergerie, mais y pénètre d'ailleurs, est un voleur et un larron ; mais celui qui s'introduira par la porte, entrera et sortira, et prouvera, des raturages en abondance. C'est pour cela que saint Jean nous dit dans l'Apocalypse : Bienheureux ceux qui lavent leurs vêtements dans le sang de l'Agneau, afin d'avoir droit a l'arbre de vie et d'entrer dans la ville sainte par les portes. Et par ces paroles, que semble-t-il indiquer autre chose, sinon qu'on ne peut arriver par la contemplation à la céleste Jérusalem à moins d'y entrer par le sang de l'Agneau, qui en est comme la porte ?

Au reste, on ne saurait être en aucune façon apte à ces saintes contemplations qui conduisent l'âme jusqu'aux, ravissements, si l'on n'est, avec Daniel, un homme de désirs. Or, ces désirs s'enflamment en nous de deux manières : d'abord par les cris de la prière, qui nous fait pousser en notre cœur les gémissements les plus profonds ; et ensuite par l'éclat lumineux qui, dans la contemplation elle-même, pénètre notre âme lorsqu'elle s'est tournée directement et avec une vive attention vers le rayon de la céleste lumière. Je commence donc par inviter, au nom de Jésus crucifié, dont le sang nous purifie des souillures de nos crimes, celui qui lira cet ouvrage, à s'exercer aux gémissements de la prière, et je le conjure de ne pas croire qu'il suffise de la lecture sans l'onction, de la considération sans la dévotion, de la recherche sans l'admiration, de l'attention profonde sans la joie du cœur, de l'habileté sans la piété, de la science sans la charité, de l'intelligence sans l'humilité, de l'application sans la grâce, et de la lumière sans le souffle de la divine sagesse. C'est à ceux que la grâce céleste a prévenus, à ceux qui sont humbles et pieux, aux cœurs pleins de componction et de dévotion, aux cœurs marqués de l'onction suave d'une sainte joie, épris de l'amour de la sagesse suprême et embrasés du désir de la posséder, à ceux qui veulent sincèrement s'appliquer à glorifier Dieu, à l'aimer et à le goûter, c'est, dis-je, à ceux-là que je propose les considérations renfermés en ce livre, et je les prie de se souvenir que la lumière extérieure est peu de chose, ou même n'est rien, si le miroir de notre âme n'a été d'abord purifié et rendu propre à en réfléchir l'éclat. Commencez donc, ô homme de Dieu, par tourner vos regards vers l'aiguillon de votre conscience et par écouter les reproches qu'elle vous adresse, avant de les élever vers les rayons de la sagesse qui se répandent dans le miroir de votre âme, de peur que leur lumière éclatante ne vous éblouisse et ne vous fasse tomber dans un ultime de ténèbres plus profondes.

Il m'a semblé bon de diviser ce traité en sept chapitres, avec un titre en avant de chacun pour en rendre l'intelligence plus facile. Je vous prie donc de regarder l'intention de celui qui écrit plutôt que son travail, le sens des mots plutôt que la négligence du style, la vérité plutôt que la beauté du discours, le sentiment plutôt que l'éclat du savoir. Mais pour cela ces considérations demandent une méditation sérieuse, et non une lecture rapide et légère.

CHAPITRE PREMIER
Des degrés d'élévation à Dieu, et de la contemplation du Seigneur par les traces de sa puissance créatrice.

Bienheureux est l'homme qui attend de vous son secours, mon Dieu; il a établi dans son cœur des degrés pour s'élever à vous du milieu de cette vallée de larmes, du lieu où il a fixé son séjour. — La béatitude n'étant autre chose que la jouissance du souverain bien, et ce bien suprême étant placé au-dessus de nous, nul ne peut arriver au bonheur qu'en s'élevant au-dessus de soi-même, non par des efforts corporels, mais par l'action de son esprit. Or, nous sommes impuissants à nous élever de la sorte si une vertu supérieure ne nous vient en aide. Quelles que soient nos dispositions intérieures, elles demeurent sans effet si elles ne sont assistées du secours d'en haut ; mais ce secours n'est donné qu'à veux qui l'implorent avec dévotion el humilité, et cette prière fervente est ce que l'on appelle soupirer vers la grâce divine en cette vallée de larmes. L'oraison est donc le principe et la source de notre élévation vers Dieu. Aussi saint Denis, roulant, nous instruire de ce qui concerne les ravissements de l'âme, donne-t-il l'oraison comme premier moyen. Prions donc et disons au Seigneur notre lieu : Conduisez-moi, Seigneur, dans votre voie, et faites-moi entrer en votre vérité. Que mon cœur se réjouisse dans la crainte de votre nom.

En priant ainsi nous recevons la lumière qui nous lait connaître les degrés par où nous devons nous élever. Car dans l'état de notre nature, l'universalité des choses est une échelle destinée à nous faire mouler vers Dieu ; et, parmi ces choses, les unes nous offrent une trace de la puissance de leur auteur, les autres nous en représentent une image; les unes sont corporelles, les autres spirituelles ; les unes sont temporelles, les autres éternelles ; les unes sont placées hors de nous, les autres nous sont intérieures. Or, pour arriver à la considération du premier principe, qui est essentiellement spirituel et éternel, et en même temps placé au-dessus de nous, il nous faut passer à travers ce qui nous est une trace de sa puissance; c'est l'être corporel, extérieur et temporel. Ce passage est ce qu'on appelle être conduit dans la voie de Dieu. Il nous faut aussi entrer en notre âme, qui est l'image éternelle du Seigneur, un être spirituel, placé au-dedans de nous ; et c'est là faire son entrée en la vérité. Il faut ensuite que, fixant nos regards sur le Premier principe, nous arrivions jusqu'à lui; et c'est là se réjouir dans la connaissance de Dieu et la crainte respectueuse de sa majesté. Nous avons donc ici le voyage de trois jours au milieu de la solitude, et en même temps la triple illumination d'un seul et même jour, dont la première peut être comparée au soir, la seconde au matin, la troisième au midi. Cette illumination embrasse la triple existence des choses : en elles-mêmes, en notre intelligence et dans la pensée de Dieu, selon cette parole : Qu'il soit fait, il fit et il fut fait. Elle se rapporte aussi à la triple substance de Jésus-Christ qui est notre échelle véritable, c'est-à-dire à son corps, à son âme et à sa divinité.

Selon ce même ordre, notre âme s'offre à nous également sous un triple aspect. Par rapport aux choses extérieures elle est animale ou sensuelle; intérieurement et en elle-même elle est esprit; et considérée au-dessus d'elle-même elle est intelligence. Nous devons donc, partant de ces divers points, chercher à nous élever à Dieu afin de l'aimer de tout notre esprit, de tout notre cœur et de

CHAPITRE PREMIER

toutes nos forces. C'est en cela que consiste l'observance parfaite de la loi, en même temps que toute la sagesse chrétienne.

Mais comme chacun de ces degrés en forme deux, selon que nous considérons Dieu comme le commencement et la fin de tout, selon que nous le contemplons en chacun d'eux comme par un miroir et comma en un miroir, ou bien enfin selon que chacune de ces considérations se fait en elle-même ou jointe à un autre, il est nécessaire de former six degrés de ces trois. Et de même que Dieu a consacré six jours à la création de l'univers et s'est reposé le septième, de même il faut que le monde inférieur soit conduit au parfait repos de la contemplation en passant par six degrés successifs d'illumination. Cet ordre était figuré par les six degrés qui conduisaient au trône de Salomon. De même les séraphins que vit Isaïe avaient six ailes, de même encore Dieu n'appela Moïse du milieu de la nuée qu'après six jours, et ce fut également six jours après les avoir avertis que Jésus-Christ conduisit ses disciples sur la montagne et qu'il fut transfiguré en leur présence.

Selon ces six degrés d'élévation à Dieu, notre âme possède donc six degrés ou puissances pour monter des choses les plus basses aux plus élevées, des choses extérieures aux intérieures, des choses temporelles à celles de l'éternité. Ce sont : les sens, l'imagination, la raison, l'intellect, l'intelligence, le sommet de l'esprit ou autrement l'étincelle de la conscience. Ces degrés ont été implantés en nous par la création, défigurés par le péché, rétablis par la grâce, purifiés par la justice, exercés par la science, et rendus parfaits par la sagesse. Selon l'institution première de notre nature, l'homme fut créé apte à goûter le repos de la contemplation, et c'est pour cela que Dieu le plaça dans un paradis de délices. Mais s'étant porté de la vraie lumière à un bien passager, il se trouva par sa propre faute incliné vers la terre, ce qui imprima à la nature humaine une double misère : l'ignorance de l'esprit et la concupiscence de la chair. Ainsi l'homme est aveugle et assis au milieu des ténèbres ; il ne voit point la lumière du ciel si la grâce, aidée de la justice, ne lui vient en aide contre sa concupiscence, si la science, accompagnée de la sagesse, ne dissipe son ignorance; et tout cela s'accomplit par Jésus-Christ, qui a été établi par Dieu pour être notre sagesse et notre justice, notre sanctification et notre rédemption. Etant la vertu et la sagesse même de Dieu, le Verbe incarné plein de grâce et de vérité, il a répandu sur nous la grâce et la vérité. Il nous a donné la grâce de la charité qui, partant d'un cœur pur, d'une bonne conscience et d'une foi sincère, reforme l'âme tout entière selon le triple aspect dont nous avons parlé. Il nous a enseigné la vérité selon les trois modes de la théologie. Par les symboles il nous a appris à bien user des choses sensibles; par la réalité, à faire de même pour les choses intellectuelles et par la mysticité, à nous porter aux choses placées au-dessus de nous-mêmes.

Celui donc qui veut s'élever à Dieu, doit, après avoir évité le péché, qui défigure sa nature, exercer les puissances dont nous venons de parler à acquérir par la prière la grâce qui réforme, par une vie sainte la justice qui purifie, par la méditation la science qui illumine, et par la contemplation la sagesse qui rend parfait. Or, de même que nul n'arrive à la sagesse que par la grâce, la justice et la science, de même on n'arrive à la contemplation que par une méditation profonde, une vie pure et une oraison fervente. Et comme le redressement de la volonté et l'illumination véritable de la raison ont pour fondement la grâce, nous devons commencer par prier, ensuite vivre saintement, nous appliquer à considérer attentivement la vérité partout où elle s'offre à nos regards, et enfin nous efforcer de monter graduellement jusqu'à ce que nous arrivions à la montagne élevée, à la sainte Sion où le Dieu des dieux nous manifestera sa gloire.

Mais comme sur cette échelle de Jacob il faut monter avant de descendre, nous placerons le premier degré d'élévation au point le plus inférieur en offrant à notre contemplation ce monde sensible tout entier compte un miroir qui nous fera arriver au Dieu suprême qui l'a créé, et de la sorte nous serons de vrais Hébreux passant de l'Egypte à la terre promise à nos aïeux, de vrais chrétiens allant avec Jésus-Christ de ce monde à notre Père, de vrais amants de la sagesse qui nous appelle et nous dit : Venez à moi, vous tous qui me désirez, et soyez remplis des fruits que je porte. La grandeur et la beauté de la créature peuvent nous faire connaître et rendre sensible à nits veux son Créateur, car elle est toute brillante de sa puissance souveraine, de sa sagesse et de sa bonté. Et le sens de la chair l'annonce d'une triple manière au sens intérieur, car il aide à l'intellect qui examine par le raisonnement, croit par la foi, et contemple au moyen des lumières acquises. Or, par la contemplation il considère l'existence actuelle des choses, par la foi leur cours habituel, et par le raisonnement leur excellence admirable.

Et d'abord l'intellect contemplant ainsi les choses en elles-mêmes, y découvre le poids, le nombre et la mesure : le poids quant au lieu où elles inclinent, le nombre quant à la diversité qui les distingue, la mesure quant aux limites qui les circonscrivent. Par là il voit en elles le mode, la beauté et l'ordre, ainsi que la substance, la vertu et l'opération; et ainsi il peut s'élever, comme au moyen d'un indice qui le guide, à comprendre la puissance, la sagesse et la bonté sans limites du Créateur.

Ensuite l'intellect fixant sur le monde le regard de la foi, en considère l'origine, le cours et la fin : car par la foi nous croyons que les siècles ont été préparés pour recevoir la parole de vie ; que les temps de la loi de nature, de la loi écrite et de la loi de grâce se sont succédé et accompli dans un ordre parfait, et enfin que ce monde aura pour terme le jugement dernier; et ainsi nous découvrons dans la première de ces choses la puissance du principe suprême, dans la seconde sa providence, et dans la troisième sa justice.

Le raisonnement, poursuivant également ses recherches, reconnaît que certains êtres n'ont que l'existence, d'autres l'existence et la vie, et que d'autres enfin existent, vivent et discernent. Les premiers tiennent le rang le plus bas, les seconds le milieu, et les troisièmes le rang le plus élevé. Il voit ensuite que parmi ces êtres les uns sont corporels, et que d'autres ont en même temps un corps et un esprit, d'où il conclut qu'il doit y en avoir de simplement spirituels, comme meilleurs et plus excellents que les deux premières espèces. Il découvre encore qu'il y a des êtres sujets au changement et à la corruption, comme tout ce qui est terrestre; que d'autres sont mobiles mais incorruptibles, comme les corps célestes ; d'où il comprend qu'il doit s'en trouver d'immuables et d'incorruptibles, comme ceux qui habitent au-dessus du ciel visible. C'est ainsi que les choses visibles nous conduisent à considérer la puissance, la sagesse et la bonté de Dieu ; à reconnaître qu'il a en lui-même l'être, la vie et l'intelligence, qu'il est simplement spirituel, incorruptible et immuable.

Or, cette considération s'étend aux sept conditions sous lesquelles les créatures peuvent être envisagées, et elle offre ainsi un témoignage sept fois répété de la puissance, de la sagesse et de la bonté de Dieu ; ces conditions sont l'origine, la grandeur, la multitude, la beauté, la plénitude, l'opération et l'ordre de toutes choses.

En effet, l'origine des choses, si on l'envisage dans l'œuvre des six jours, au point de vue de la création, de la distinction et de l'ornement, nous annonce la puissance de Dieu qui a tout tiré du néant, sa sagesse qui a tout coordonné avec un enchaînement lumineux, et sa bonté qui a répandu sur tous ses dons les plus abondants.

La grandeur des choses, considérée selon la longueur, la largeur et la profondeur de leur substance; selon l'excellence de leur vertu, qui s'étend également en longueur, en largeur et en profondeur, comme dans la diffusion de la lumière; selon l'efficace de leur action intime, continuelle et répandue partout, comme on le voit dans l'action du feu ; cette grandeur, dis-je, nous manifeste clairement l'immensité de la puissance, de la sagesse et de la bonté du Dieu qui est un et trois en même temps, et qui existe en toutes ses créatures par sa puissance, sa présence et son essence sans être circonscrit par aucune d'elles.

La multitude des choses dans leur diversité générique, spéciale et individuelle, dans leur substance, leur forme et leur efficacité, qui dépasse toute appréciation humaine, montre également avec éclat l'immensité des trois attributs divins dont nous avons parlé.

La beauté des choses, examinée selon la variété de la lumière, des formes et des couleurs, dans les corps simples, dans les corps mixtes et dans les corps participant aux qualités des deux autres espèces, dans tous les corps, en un mot, comme les astres, les minéraux, les pierres précieuses et les métaux, les plantes et les animaux ; cette beauté, dis-je, proclame hautement ces mêmes attributs.

La plénitude, selon que la matière est remplie de formes diverses pour se reproduire; ces formes pleines d'une vertu puissante d'action, cette vertu elle-même abondante en effets réels, tout cela nous donne les mêmes enseignements.

L'opération multiple des créatures, soit naturelle, soit artificielle, soit morale, nous découvre encore, dans sa variété si nombreuse, l'immensité de cette puissance, de cette sagesse et de cette bonté en qui tous les êtres trouvent la cause de leur existence, la raison qui les éclaire et la règle de leur vie.

L'ordre des choses, considéré au point de vue de leur durée, de leur situation, de leur influence, ou autrement dans ce qui les précède et ce qui les suit, dans ce qui est supérieur et ce qui est inférieur, dans ce qui est grand et ce qui est vil, nous montre hautement dans le livre de la création la souveraineté par excellence du premier principe quant à sa puissance infinie. L'ordre des lois divines, des préceptes et des jugements, nous fait voir dans le livre des Ecritures sa sagesse sans bornes; et l'ordre des sacrements, des grâces et des récompenses, dans le corps de l'Eglise, annonce sa bonté immense, et ainsi cet ordre nous conduit clairement, comme par la main, à celui qui est le premier entre tous, à celui qui est souverainement puissant, souverainement sage et souverainement parfait.

Celui qui n'est point illuminé par l'éclat si radieux des choses créées, est donc aveugle ; celui que leur voix puissante n'éveille pas est sourd; celui que tant d'œuvres admirables n'inclinent pas à aimer Dieu est muet; celui qui, à des indices si lumineux, ne reconnaît pas ce principe suprême, est un insensé.

Ouvrez donc les yeux, prêtez l'oreille de votre âme, déliez vos lèvres, appliquez votre cœur, afin de voir Dieu en toutes ses créatures, de l'entendre, de le louer, de l'aimer, de lui rendre vos hommages, de proclamer sa grandeur et de l'honorer, si vous ne voulez pas que l'univers s'élève contre vous. Car le monde entier combattra contre les insensés qui n'auront pas agi de la sorte, tandis qu'il sera une source de gloire pour le sage, pour celui qui peut s'écrier avec le prophète : Seigneur, la vue de vos créatures m'a rempli d'allégresse, et je ferai éclater ma joie en louant les ouvrages de vos mains. Que vos œuvres sont grandes et admirables, Seigneur, vous avez fait toutes choses avec une sagesse souveraine. La terre est toute remplie des biens dont vous la comblez.

CHAPITRE II
De la contemplation de Dieu dans les traces de sa présence imprimées en ce monde sensible.

Mais ce n'est point assez de contempler Dieu dans le miroir des choses créées comme en autant de vestiges de son action divine, il faut encore le considérer en tant qu'il est en ces mêmes choses par son essence, sa puissance et sa présence; et cette considération est plus élevée que la précédente. Nous la plaçons donc en second lieu, comme étant le second degré qui nous conduit à la contemplation de Dieu dans toutes les créatures à qui nos sens corporels donnent accès en notre âme.

Remarquons-donc que ce monde sensible, appelé le grand monde, pénètre dans notre âme, appelée le petit monde, par les portes de nos cinq sens, selon que nous appréhendons les objets du dehors, que nous nous en réjouissons et que nous les discernons. En effet, en ce monde, il y a des choses productrices, d'autres qui sont produites, et d'autres enfin qui dirigent et gouvernent les unes et les autres. Les choses productrices sont les corps simples, ou autrement les corps célestes et les quatre éléments. La vertu de la lumière réunit les choses opposées contenues dans les éléments, les mélange, leur imprime la puissance génératrice, et leur fait produire ce qui est conforme à leur nature. Les choses produites sont les corps formés des éléments divers, comme les minéraux, les végétaux, les animaux et les corps humains. Les substances qui régissent les deux dernières espèces sont spirituelles, et quelquefois elles ne font qu'un avec les corps, comme dans les animaux; ou elles en sont distinctes malgré leur union avec eux, comme dans les hommes; ou elles en sont entièrement séparées : tels sont les esprits célestes, que les philosophes appellent intelligences et à qui nous donnons le nom d'anges. A ces esprits appartient, selon les mêmes philosophes, de mouvoir les corps célestes et par là de gouverner l'univers, après avoir reçu de la cause première, qui est Dieu, la puissance d'action nécessaire à l'accomplissement d'une telle charge. Selon les théologiens, le gouvernement du monde est également confié à ces esprits par un commandement du Dieu suprême, mais en ce qui concerne l'œuvre de notre rédemption; d'où ils sont appelés des esprits envoyés pour servir et aider ceux qui doivent être les héritiers du salut.

L'homme, qui est nommé le petit monde, a cinq sens, qui sont comme autant de portes destinées à introduire en son âme la connaissance des choses sensibles. Par la vue, entrent les corps célestes et lumineux et les couleurs; par le toucher, les corps solides

CHAPITRE II

et terrestres ; par les trois autres, tout ce qui tient le milieu entre ces deux premières sortes de corps, comme les choses aqueuses par le goût, les choses de l'air par l'ouïe, et les choses vaporeuses par l'odorat, et celles-ci empruntent une de leurs parties à l'eau, une autre à l'air et une troisième au feu, comme on le voit par la fumée qui s'exhale des parfums. Par ces portes des sens entrent donc les corps simples et les corps composés. Et ce ne sont pas seulement certaines choses sensibles et particulières que nous percevons ainsi, comme la lumière, le son, l'odeur et la saveur, et les quatre qualités premières qui viennent frapper le toucher en chaque corps, mais encore des choses sensibles, communes, telles que le nombre, la grandeur, la forme, le repos, le mouvement; nous découvrons également que tout ce qui est mû l'est par un autre, que certaines choses ont en elles-mêmes leur mouvement et leur repos, comme les animaux; et de ces mouvements des corps dont nos sens nous instruisent, nous arrivons à la connaissance des moteurs spirituels, comme de l'effet on arrive à la cause.

Tout le monde sensible, quant à ces trois genres, entre donc dans notre âme par l'appréhension. Cependant tous ces objets, qui sont extérieurs, y pénètrent non en leur propre nature, mais en leurs images. Ces images se forment d'abord dans un lieu intermédiaire et distinct; de là elles passent en nos organes extérieurs, qui les transmettent au sens intérieur, et celui-ci les conduit jusqu'à la puissance intellectuelle, qui les saisit. Ainsi les images de tout ce qui nous arrive du dehors, ayant d'abord pris naissance dans ce lieu intermédiaire, et étant transportées en nos organes, la faculté compréhensive de notre âme se retourne sur elles et les embrasse sans exception.

Quand l'objet que nous avons ainsi embrassé nous convient, le plaisir en suit la perception. Le sens se réjouit en cet objet ou à cause de sa beauté lorsqu'il lui est arrivé par la vue, ou à cause de sa suavité lorsqu'il le perçoit par l'odorat et par l'ouïe, ou à cause de ses effets salutaires lorsque c'est le goût et le toucher proprement dit qui agissent.

Or, tout plaisir veut être renfermé en des proportions qui lui conviennent; mais chaque chose exigeant qu'on tienne compte de sa forme, de sa vertu et de son action, selon qu'elle se rapporte au principe d'où elle émane, au milieu vers lequel elle passe, et à la fin vers laquelle elle tend, il s'ensuit que ces proportions doivent être considérées en tout objet à raison de sa forme, et alors elles s'appellent beauté; car la beauté c'est l'équilibre parfait de plusieurs choses, ou autrement l'accord des parties entre elles joint à la suavité du coloris. En second lieu, ces proportions doivent s'étendre à la vertu ou puissance de l'objet, de façon que cette vertu dans son action ne déborde point l'âme qui la renferme, et alors il y a suavité, car le sens s'attriste dans les choses extrêmes et il se réjouit dans les moyennes. En troisième lieu, les proportions doivent exister dans l'action de l'objet et dans l'impression qui en résulte : ce qui a lieu quand cette action remplit complètement le besoin de celui qui la subit, et alors il se fait sentir quelque chose de salutaire et de fortifiant ; c'est surtout par le toucher et le goût qu'on l'éprouve. C'est ainsi que l'image des choses délectables entre du dehors en notre âme pour la réjouir selon la triple manière qui leur est propre.

Après qu'on a embrassé les objets et qu'on les a goûtés, on les discerne, et ce discernement ne consiste pas seulement à reconnaître s'ils sont blancs ou noirs, ce qui ne regarde que le sens extérieur; s'ils sont nuisibles ou bienfaisants, ce qui ne se rapporte qu'au sens intérieur; mais encore à se rendre raison de la joie qu'ils produisent. Dans cet acte on recherche donc la cause de la délectation perçue par les sens en l'objet; on examine pourquoi il est beau, suave et bienfaisant, et l'on trouve que c'est parce qu'il y a proportion d'égalité entre ces trois choses. Cette raison d'égalité est la même dans un objet grand que dans un petit; elle est indépendante des dimensions ; ce qui passe ne l'entraîne point à sa suite, et les mouvements ne sauraient l'altérer. Les lieux, le temps et le changement ne font rien sur elle, et ainsi elle est immuable, sans limites, éternelle et entièrement spirituelle.

Le discernement est donc l'acte qui fait entrer en la puissance intellectuelle, en faisant abstraction de tout le reste, l'objet extérieur perçu par les sens, C'est ainsi que tout ce monde doit entrer dans notre âme par la porte des sens en suivant les trois opérations dont nous venons de parler.

Tels sont les vestiges à l'aide desquels nous pouvons contempler notre Dieu. Chacune des choses saisies par notre esprit étant une image véritable de l'objet qui lui donne naissance, et cette image, une fois imprimée en nous, nous conduisant par cette impression à la connaissance de son principe ou de son objet lui-même, tout cela nous montre clairement que la lumière éternelle doit, comme tout objet, engendrer également une image ou une splendeur qui lui soit égale, consubstantielle et coéternelle. Or, cette image, cette ressemblance parfaite, cette splendeur de la gloire, cette expression réelle de la substance, du Dieu invisible et présent partout avec la puissance génératrice qui lui est propre, cette image, dis-je, s'étend de son objet dans tout le milieu qui le sépare de nous, et s'unit à la créature raisonnable, par un bienfait de sa grâce, comme toute image s'unit ais sens corporel, afin de nous ramener à Dieu son Père, connue au principe de notre vie, comme à notre objet suprême. Si donc tout ce qui peut tomber sous nos sens à la vertu de produire une image de soi-même, il est évident que dans toutes ces choses, comme en autant de miroirs, nous pouvons contempler l'éternelle génération du Verbe, image et Fils de Dieu, émanant de toute éternité du sein de son Père.

De même l'image qui nous réjouit comme belle, suave et salutaire, nous amène à comprendre que, dans l'image première, il y a la beauté, la suavité et le salut par excellence; qu'elle possède une proportion entière et une égalité parfaite avec le principe qui l'engendre; qu'en elle il y a une vertu qui se répand et que nous embrassons en réalité, et non comme une ombre vaine ainsi que dans les autres choses ; que son impression est, pour celui qui la reçoit, le salut, l'abondance et la fin de toute misère. Si donc le bonheur réside en l'union avec ce qui nous convient; si d'un autre côté l'image parfaite de Dieu seul est souverainement belle, suave et salutaire; si elle s'unit seule à nous réellement, intimement et avec une plénitude qui remplit toute la capacité de notre âme, il s'ensuit qu'en Dieu seul, comme en la source, est le bonheur véritable, et que toutes les joies produite par la création nous entraînent à la recherche de ce bonheur.

Mais le discernement nous conduit d'une manière plus excellente, plus immédiate et plus assurée à la contemplation de l'éternelle vérité. En effet, le discernement faisant abstraction du lieu, du temps et du changement, se rend étranger à toute idée de succession, de mesure, de mutabilité, en vertu d'une raison immuable, infinie et sans fin. Biais rien n'est parfaitement immuable, infini et sans fin que ce qui est éternel, et ce qui est éternel ne l'est qu'en Dieu, ou c'est Dieu même. Si donc tout ce qui s'offre à notre discernement est apprécié par une raison de ce genre, il est clair que Dieu est la raison de toutes choses, qu'il en est la règle infaillible et la lumière véritable en laquelle elles brillent d'une manière assurée, indélébile, indubitable, irréfragable, au-dessus de tout jugement, de tout changement, de toute contrainte, de toute limite, de toute division, et sous un point de vue intellectuel. Il s'ensuit que les lois par lesquelles nous jugeons avec certitude de toutes les choses sensibles qui s'offrent à notre considération, sont pour notre intelligence à l'abri de tout doute et de toute erreur; qu'elles sont aussi ineffaçables en notre mémoire que si elles y étaient toujours présentes; qu'elles sont irréfragables et nullement soumises au jugement de notre esprit; car, dit saint Augustin, nul ne les juge, mais tous jugent nécessairement par elles. Il s'ensuit encore qu'elles sont immuables et inaltérables, parce qu'elles existent nécessairement; indépendantes de notre volonté, sans limites et sans fin, parce qu'elles sont éternelles; indivisibles, parce qu'elles sont intellectuelles et incorporelles, non faites mais incréées, existant de toute éternité dans la pensée divine d'où découle toute beauté comme de sa source, de sa cause et de son modèle. Ainsi elles ne peuvent être jugées avec certitude que par cette même pensée, qui n'est pas seulement le modèle formant toutes choses, mais encore la vie qui les conserve, les distingue et les maintient chacune en la forme qui lui est propre, et la règle qui dirige notre âme lorsqu'elle juge des objets que les sens lui présentent.

Maintenant on peut étendre cette contemplation en parcourant sept nombres différents qui sont comme autant de degrés pour nous élever jusqu'à Dieu. C'est saint Augustin qui nous indique cette méthode dans son Traité de la vraie religion, et surtout dans le sixième livre du Traité de la musique, où il trace la différence de ces nombres, les faisant partir des choses sensibles pour arriver jusqu'à l'Auteur de toutes choses, afin de le voir présent en tout.

Il y a donc, selon ce docteur, des nombres qui résident dans les corps, et surtout dans le son et la voix, et on les appelle les nombres des sons. D'autres sont distincts de ces premiers et ont leur siège dans nos sens ; ces nombres se rapportent aux objets qui s'offrent à nous. D'autres partent de notre âme pour passer en notre corps, comme il arrive lorsque nous gesticulons ou nous marchons, et ceux-ci sont dits nombres progressifs. D'autres se trouvent dans les délectations des sens et dans le retour de notre attention sur l'image reçue en eux, et on les appelle nombre des sens. D'autres ont leur place en la mémoire, et elle leur donne son nom. D'autres nous servent à juger de toutes choses, et on les nomme l'ombres du jugement ; ils sont nécessairement au-dessus de notre âme, ainsi qu'il a été dit, car ils sont infaillibles et ne sont point soumis à nos propres jugements. Par eux sont imprimés en nous des nombres artificiels dont saint Augustin ne parle pas, car ils sont liés aux nombres qui servent à juger, et ils forment les nombres progressifs ; à l'aide de ces derniers nous nous créons différents moyens en notre esprit pour descendre avec ordre des degrés les plus élevés aux degrés moyens, et de ceux-ci aux derniers ; et d'un autre côté nous montons successivement en partant des nombres des sons aux nombres du second rang, nous passons par ceux des sens et de la mémoire pour arriver à ceux du rang le plus sublime.

Comme donc tout ce qui existe est beau et sous un certain point de vue délectable, que la beauté et le plaisir ne peuvent point être sans proportion, et que la proportion consiste avant tout dans les nombres, il est nécessaire que le nombre soit en toutes choses; et ainsi il est le modèle par excellence que nous pouvons admirer en l'esprit du Créateur, et dans la créature c'est la trace principale qui nous conduit à la sagesse suprême. Ensuite, le nombre étant clair aux yeux de tous et très-rapproché de Dieu, il s'ensuit qu'il nous guide jusqu'à lui en nous faisant passer par sept degrés différents, et qu'il nous le montre dans toutes les choses corporelles et sensibles, alors que nous les découvrons nombreuses, que nous nous réjouissons de leurs proportions harmonieuses, et que nous les jugeons au moyen des lois irréfragables de ces mêmes proportions.

De ces deux premiers degrés par lesquels nous contemplons Dieu en suivant les traces imprimées partout de sa présence, degrés figurés par les deux ailes qui couvraient les pieds du Séraphin, nous pouvons conclure que toutes les créatures de ce monde sensible conduisent au Dieu éternel l'âme du sage et du contemplatif. En effet, elles sont une ombre, un écho, une image de ce premier principe très-puissant, très-sage, très-bon, de cette vie, de cette lumière, de cette plénitude éternelle, de celui qui est à la fois le Créateur, le modèle et la règle. Elles sont comme autant de vestiges, d'images, de spectacles, de signes divinement offerts à nos yeux pour nous aider à voir Dieu. Elles sont, dis-je, des copies ou des exemples mis à la portée des gens grossiers et encore attachés à la vie des sens, afin de les élever par ces choses sensibles qui frappent leurs regards aux choses de l'intelligence qui sont invisibles, comme on arrive des signes à la chose signifiée.

Or, les choses du monde sensible sont un signe des choses invisibles en Dieu, d'abord parce que Dieu est le principe, le modèle et la fin de toute créature, et que tout effet est un signe de sa cause, toute copie un signe de son modèle, et toute voie un chemin qui conduit à sa fin. Ensuite, elles sont un signe de ces mêmes choses par le spectacle qu'elles offrent d'elles-mêmes, par les figures prophétiques qu'elles renferment, par l'action des anges à laquelle elles sont soumises, et par l'institution nouvelle qui est venue se joindre à celle qu'elles avaient reçues. En effet, toute créature est par sa nature une image et une ressemblance de la sagesse éternelle ; mais celle qui, dans les saintes Ecritures, a été choisie par l'esprit prophétique pour figurer les choses spirituelles, l'est d'une façon plus spéciale; d'une façon plus spéciale encore celle dont Dieu a emprunté la forme lorsqu'il s'est manifesté par l'entremise des anges, et d'une façon toute particulière celle qu'il a employée pour être un signe de sa grâce, et non-seulement un signe selon le sens ordinaire de ce mot, mais un signe qui est un sacrement.

De tout cela nous conclurons que ce qu'il y a d'invisible en Dieu est devenu visible depuis la création du monde par la connaissance que ses créatures nous en donnent, de sorte que ceux qui ne veulent pas considérer ces choses, reconnaître Dieu, le bénir et l'aimer en elles, sont inexcusables, car ils refusent de passer des ténèbres à la lumière admirable du Seigneur. Pour nous, rendons grâces à Dieu de ce qu'il nous a conduits par Jésus-Christ de ces ténèbres à cette lumière ineffable, en faisant briller à nos yeux ces clartés extérieures qui nous disposent à nous reporter vers le miroir de notre âme, où se réfléchissent tant de splendeurs de la divinité.

CHAPITRE II

CHAPITRE III
De la contemplation de Dieu par son image gravée dans les facultés naturelles de notre âme.

Les deux premiers degrés parcourus jusqu'à ce moment, après nous avoir conduits à Dieu par les traces de sa présence en toute créature, nous amènent à rentrer en notre âme, où l'image de la divinité brille avec tant d'éclat. Pénétrant donc en nous-mêmes, et laissant tout ce qui est en dehors, comme n'étant que le vestibule du lieu où nous devons arriver, efforçons-nous de contempler Dieu, comme en un miroir, dans son saint temple, dans la partie antérieure de son tabernacle. Là, sur la face de notre âme, comme sur un candélabre, brille la lumière de la vérité, et l'image de la Trinité bienheureuse apparaît avec splendeur.

Entrez donc au-dedans de vous, et voyez avec quelle ardeur votre âme s'aime. Or, elle ne pourrait s'aimer si elle ne se connaissait, et elle ne pourrait se connaître si elle n'avait le souvenir d'elle-même, car notre intelligence n'embrasse que les choses dont la mémoire nous est présente. D'où vous conclurez, en vous aidant du regard de la raison et non de la chair, que cette âme possède une triple puissance. Considérez donc les actes et les habitudes de ces puissances, et alors vous pourrez contempler Dieu en vous comme en son image, ce qui s'appelle le voir en un miroir et en énigme.

L'action de la mémoire consiste à retenir et à représenter non-seulement les choses présentes, corporelles et temporelles, mais encore les choses successives, simples et éternelles. Or, cette faculté retient les choses passées par le souvenir, les choses présentes en les recevant en elle-même, et les choses futures en les prévoyant. Elle retient les choses simples, comme principe des quantités continues et distinctes, tels sont le point, l'instant, l'unité, car sans cela il serait impossible de se rappeler ou de se figurer les choses auxquelles ils donnent naissance. Elle retient en tout temps et comme immuables les principes et les axiomes des sciences, car jamais elle ne peut les oublier de telle sorte, en se servant de sa raison, qu'elle ne les approuve et ne leur donne son assentiment aussitôt qu'ils lui sont proposés, et non pas comme à quelque chose de nouveau,» mais comme à quelque chose d'inné et de familier. On peut s'en convaincre en proposant à quelqu'un une affirmation ou une négation sur un sujet, par exemple, sur ce principe : Le tout est plus grand que sa partie, ou sur tout autre principe que la raison admet sans pouvoir y contredire. En retenant donc ainsi l'idée des choses temporelles passées, présentes et futures, la mémoire nous offre une image de l'éternité, dont le présent indivisible s'étend à tous les temps. En retenant les choses simples, elle montre que ces idées ne lui viennent pas seulement des images extérieures, mais qu'elle les reçoit d'un principe supérieur, et qu'elle a en elle-même des formes simples dont les sens et les objets visibles ne sont point le principe. Enfin en retenant les principes et les axiomes des sciences, elle nous apprend qu'elle a toujours en elle une lumière immuable qui lui conserve le souvenir des vérités inaccessibles au changement. Ainsi nous voyons, par les opérations de la mémoire, que notre âme est l'image de Dieu, que cette image est tellement présente à Dieu et Dieu présent à elle, qu'elle peut l'embrasser par ses actes, être capable de le posséder et de jouir de lui.

L'action de la puissance intellectuelle consiste à comprendre les ternies, les propositions et les conséquences. Or, on comprend le sens des termes lorsque, par la définition d'une chose, on la connaît parfaitement. Mais la définition ne peut se faire qu'au moyen de choses plus élevées, et ces choses elles-mêmes ne peuvent se définir qu'à l'aide de choses plus élevées encore; et successivement jusqu'à ce que l'on arrive à ce qu'il y a de plus élevé et de plus général, car l'ignorance de ces choses empêche de comprendre comme il convient celles qui sont d'un ordre inférieur. Si donc on ne connaît pas ce qu'est l'être par lui-même, il est impossible de donner une définition parfaite d'une substance quelconque. Mais l'être ne peut être connu par lui-même sans qu'on connaisse en même temps les conditions de son existence : l'unité, la vérité, la bonté. D'un autre côté, l'être peut s'offrir à nous comme complet ou incomplet, parfait ou imparfait, existant à l'état de puissance ou d'acte, comme être sous certains rapports ou simplement, comme partiel ou total, transitoire ou permanent, comme être par lui-même ou à l'aide d'un autre, comme joint à un autre ou seul, dépendant ou indépendant, comme conséquence ou principe, comme changeant ou immuable, comme simple ou composé; et comme ce qu'il renferme de négatif et de défectueux ne peut être connu que par ce qui est positif et réel, notre intelligence n'arrive jamais à bien définir l'être créé si elle n'est aidée par l'idée de l'être pur, actuel, complet et absolu par excellence, et cet être n'est autre que l'être simple et éternel, en qui sont contenues en toute leur pureté les raisons de toutes choses. Comment, en effet, notre esprit comprendrait-il qu'un être est défectueux et incomplet s'il n'avait aucune connaissance de l'être exempt de tout défaut ? Et ainsi des autres conditions dont nous venons de parler.

Notre intelligence embrasse réellement le sens des propositions lorsqu'elle sait avec certitude qu'elles sont vraies ; et savoir cela, c'est connaître que ces propositions sont telles que nous les comprenons et que leur vérité ne peut être autre. Alors notre esprit sait donc que cette vérité est immuable ; mais comme il est lui-même soumis au changement, il ne peut la voir briller d'une manière ainsi stable que par une autre lumière dont les rayons, toujours les mêmes, ne peuvent partir d'une créature changeante. C'est donc en cette lumière qui éclaire tout homme venant en ce monde, en cette lumière qui est la lumière, le Verbe qui était en Dieu au commencement, que nous voyons la vérité.

Notre intelligence perçoit réellement la vérité d'une conclusion quand elle voit cette conclusion suivre nécessairement des prémisses, et cela non-seulement lorsqu'elle découle de termes nécessaires, mais de termes contingents, comme : l'homme court, donc il se meut. Et cette nécessité ne se découvre pas moins dans les êtres privés de vie que dans ceux qui en jouissent : que l'homme vive ou ne vive pas, cette conclusion : Si l'homme court, donc il est en mouvement, est toujours véritable. Ainsi la nécessité d'une conclusion ne vient pas de l'existence matérielle d'une chose, laquelle existence n'est que contingente; elle ne vient pas de l'existence de la chose en notre âme, car cette existence ne serait qu'une fiction, si cette chose n'existait en réalité. Elle vient donc du modèle éternel où toutes les choses puisent le rapport et l'enchaînement qui les unit selon les règles existantes en ce divin modèle. Toute la lumière de notre raisonnement, dit saint Augustin, a sa source dans cette vérité suprême, et c'est à elle que nous devons nous efforcer de parvenir. Nous voyons donc clairement, par tout ce que nous venons de dire, que notre intelligence est unie à l'éternelle vérité, puisque ce n'est qu'à sa lumière que nous pouvons embrasser la vérité avec certitude. Vous pouvez donc contempler par vous-même cette vérité qui vous instruit, si la concupiscence ou les vaines imaginations n'y mettent obstacle, et si elles ne viennent se placer entre elle et vous comme un nuage qui vous empêche d'en réfléchir les rayons.

L'action de notre volonté se manifeste par la délibération, le jugement et le désir. La délibération consiste à chercher ce qu'il y a de mieux entre une chose ou une autre. Mais le mieux ne peut être appelé ainsi que selon qu'il se rapproche davantage de ce qui est bon par excellence, et ce rapprochement est plus ou moins grand selon la ressemblance plus ou moins parfaite. Personne donc ne peut dire que telle chose est meilleure que telle autre, s'il ne connaît d'abord son degré de ressemblance avec le bien suprême ; et nul ne sait si telle chose ressemble à telle autre s'il ne connaît cette dernière elle-même. Ainsi, pour avancer que tel est semblable à Pierre, je dois commencer par connaître Pierre. Celui donc qui délibère a nécessairement imprimée en lui la connaissance du bien suprême.

Maintenant, pour porter un jugement certain de ces mêmes choses, il faut une loi. Or, cette loi ne peut produire la certitude qu'autant qu'on est assuré de sa rectitude et qu'elle est au-dessus de nos jugements. Mais notre âme se juge elle-même ; comme donc elle ne peut juger la loi qui sert de règle à ses jugements, il s'ensuit que cette loi est supérieure à notre âme et que nous jugeons uniquement par sa présence en nous. Mais rien n'est au-dessus de notre âme si ce n'est celui qui l'a créée. Donc notre volonté arrive aux lois divines dans ses jugements si elle se prononce avec une résolution parfaite et entière.

Le désir a pour fin principale la chose qui l'excite par-dessus tout. Or, nous désirons par-dessus tout ce que nous aimons le plus ; et ce principal objet de notre amour, c'est le bonheur. Mais le bonheur réel ne se trouve que dans le bien suprême et notre fin dernière, et le désir de l'homme ne soupire qu'après un tel bien, ou après ce qui y conduit ou en est la ressemblance. L'entraînement vers ce bien est tel que la créature ne saurait rien aimer qu'en le désirant lui-même ; seulement elle se trompe et elle est dans l'erreur lorsqu'elle prend une vaine image et un fantôme pour la réalité.

Voyez donc combien l'âme est proche de Dieu, et comment la mémoire nous conduit à son éternité, l'intelligence à sa vérité, et la volonté à sa bonté suprême. Admirez ensuite comment l'ordre, l'origine et l'habitude de ces trois puissances nous font arriver jusqu'à la Trinité bienheureuse. La mémoire produit l'intelligence, qui est comme sa fille, car nous comprenons quand la ressemblance de l'objet qui repose en la mémoire est venue se placer à la lumière de l'intelligence ; et cette ressemblance n'est autre chose que notre verbe. De la mémoire et de l'intelligence émane l'amour, le nœud qui les unit. Or, ces trois choses, l'esprit qui engendre, le verbe et l'amour qui appartiennent à la mémoire, à l'intelligence et à la volonté, sont consubstantielles, co-égales et co-existantes, se pénètrent et s'embrassent mutuellement. Si donc Dieu est un esprit parfait, il possède la mémoire, l'intelligence et la volonté; il a un Verbe engendré et un amour qui émane de lui et du Verbe. Et comme ces trois choses sont distinctes nécessairement, puisque l'une est produite par l'autre; que d'un autre côté cette distinction ne réside point dans l'essence divine et qu'elle n'est point accidentelle, il s'ensuit qu'elle est personnelle. Lors donc que l'âme se considère, elle s'élève par elle-même, comme par un miroir, jusqu'à la contemplation de la Trinité bienheureuse du Père, du Fils et de l'amour, qui sont trois personnes coéternelles, co-égales et consubstantielles, de sorte que chacune des trois est en chacune des deux autres, que cependant l'une n'est pas l'autre, mais que toutes trois sont un seul Dieu.

Dans cette contemplation de son principe triple et un, au moyen des trois puissances qui la rendent son image, l'âme est aidée des lumières des sciences, qui l'enseignent et la perfectionnent, en même temps qu'elles lui offrent une triple similitude de la Trinité. En effet, toute philosophie est naturelle, rationnelle ou morale. La première traite du principe des êtres et nous conduit ainsi à la puissance du Père; la seconde traite de la nature de noire intelligence et nous amène à la sagesse du Verbe ; la troisième nous enseigne à bien vivre, et elle nous montre la bonté du Saint-Esprit. Ensuite la philosophie naturelle se divise en métaphysique, mathématique et physique. La première traite de l'essence des êtres ; la seconde, de leurs nombres et de leurs figures ; la troisième, de leur nature, de leurs vertus et de leurs opérations réciproques. Et ainsi la première nous conduit au Père, qui est le premier principe; au Fils, qui est son image, et au Saint-Esprit, qui est le don du Père et du Fils.

La philosophie rationnelle comprend la grammaire, qui donne la faculté d'exprimer ses idées; la logique, qui apprend à en tirer parti ; la rhétorique, qui enseigne à persuader ou à toucher. Et ces trois choses nous ramènent encore au mystère de la bienheureuse Trinité.

Enfin la philosophie morale est individuelle, économique et sociale. La première nous rappelle le premier principe ne procédant de personne; la seconde, le Fils qui habite en lui; la troisième, l'abondance des bienfaits du Saint-Esprit.

Toutes ces sciences ont des règles certaines et infaillibles qui descendent, comme autant de rayons lumineux, de la loi éternelle pour se répandre en notre âme. Ainsi illuminée et pénétrée de tant de splendeurs, si elle n'est aveugle, elle peut arriver par elle-même jusqu'à contempler la lumière éternelle. La vue éclatante de cette lumière remplit les sages d'admiration, tandis qu'elle plonge dans le trouble les insensés qui refusent de croire afin d'arriver à comprendre ; et ainsi s'accomplit cette parole du Prophète : Vous avez répandu une lumière admirable du haut des montagnes éternelles, et ceux dont le cœur est insensé ont été remplis de trouble.

CHAPITRE IV
De la contemplation de Dieu en son image reformée par la grâce divine.

Ce n'est pas seulement en passant à travers notre âme, mais en elle-même, qu'il nous faut contempler notre premier principe; et comme ce degré est plus élevé que le précédent, nous lui donnerons la quatrième place dans l'échelle de nos méditations.

Il semble étonnant que, Dieu étant si proche de nos âmes, si peu d'hommes s'appliquent à le contempler en eux-mêmes. La raison en est que notre âme distraite par les sollicitudes de la vie, obscurcie par les vains fantômes de ce monde, entraînée par les concupiscences, demeure étrangère aux enseignements de sa mémoire et aux lumières de son intelligence, et qu'elle est sans désir pour les joies spirituelles et la suavité intérieure qu'elle pourrait goûter au-dedans d'elle-même. Plongée tout entière dans les choses sensibles, elle devient impuissante à trouver en elle l'image de Dieu.

Et comme il est nécessaire que l'homme demeure où il est tombé si personne ne lui vient en aide et ne le relève, ainsi notre âme tombée au milieu des choses sensibles n'a pu se relever parfaitement, pour se contempler et admirer en elle-même la vérité éternelle, qu'au jour où cette vérité, revêtant en Jésus-Christ la forme de notre humanité, est devenue une échelle nouvelle réparant les ruines de cette échelle ancienne qui avait été formée en Adam. Ainsi nul, quelque éclairé qu'il soit des lumières de la nature et de la science, ne peut rentrer en soi-même pour s'y réjouir dans le Seigneur, s'il n'est conduit par Jésus-Christ, qui a dit : Je suis la porte. Si quelqu'un entre par moi, il sera sauvé; il entrera, il sortira et il trouvera des pâturages. Or, pour approcher de cette porte du salut, il faut croire et espérer en Jésus, il faut l'aimer. Il est donc nécessaire, si nous voulons entrer dans les délices de la vérité, comme dans un lieu de félicité, d'y arriver par la foi, l'espérance et la charité de Jésus-Christ, le médiateur entre Dieu et les hommes, l'arbre de vie planté au milieu du Paradis.

Notre âme, l'image de Dieu, doit donc être revêtue des trois vertus théologiques qui la purifient, l'illuminent et la perfectionnent; elle doit donc être reformée, restaurée, rendue semblable à la céleste Jérusalem et devenir un membre de l'Eglise militante, qui est la fille de cette cité divine dont l'Apôtre a dit : Cette Jérusalem d'en haut est Sion. C'est elle qui est notre mère.

Que l'âme croie donc et espère eu Jésus-Christ; qu'elle s'attache à lui par l'amour. Il est le Verbe incréé du Père, le Verbe incarné et inspiré; ou autrement : il est la voie, la vérité et la vie. En croyant en lui, comme au Verbe incréé et à la splendeur du Père, elle recouvre l'ouïe et la vue : l'ouïe pour entendre les enseignements du Sauveur, la vue pour contempler ses merveilles. En soupirant par l'espérance après le Verbe inspiré, le désir et l'amour font revivre en elle l'odorat spirituel. Enfin, en embrassant par la charité le Verbe incarné comme la source de tous délices, et en passant en lui par les ravissements de l'amour, elle rentre en possession du goût et du toucher. Lors donc qu'après avoir ainsi recouvré ses sens, elle voit, elle entend, elle aspire, elle goûte et embrasse son Epoux, elle peut, comme l'épouse, prendre pour sujet de ses chants le Cantique des cantiques, qui est fait pour ce quatrième degré de contemplation, que personne ne comprend si le ciel ne l'en favorise, car l'expérience de l'amour le fait plus connaître que les considérations naturelles.

Une fois que dans ce degré l'âme a recouvré ses sens intérieurs pour contempler la beauté suprême, pour entendre ses harmonies inénarrables, pour aspirer ses parfums enivrants, goûter sa suavité infinie et embrasser le bien délicieux par excellence, elle se trouve disposée à passer aux ravissements par la dévotion, l'admiration et la joie qui répondent aux trois exclamations du Cantique des cantiques. D'abord par la surabondance de sa dévotion, l'âme devient comme la colonne de fumée qui s'élève formée d'aromates, de myrrhe et d'encens. Ensuite, la grandeur de son admiration la rend semblable à l'aurore, à la lune et au soleil, selon que les lumières dont elle est éclairée l'élèvent et la tiennent suspendue dans l'admiration de son Epoux bien-aimé. Enfin, par l'excès de sa joie elle se trouve plongée dans les délices les plus suaves et elle s'appuie entièrement sur son Bien-Aimé.

Alors notre esprit devient hiérarchique dans ses degrés d'élévation, et conforme à cette Jérusalem céleste où nul ne peut entrer, à moins que par la grâce elle ne descende d'abord elle-même en notre cœur, comme saint Jean dans son Apocalypse la vit descendre. Or, elle vient ainsi en nous lorsque par la réforme de notre image intérieure, par les vertus théologales, par la joie de nos sens spirituels, par le transport des ravissements, notre esprit est vraiment devenu hiérarchique, c'est-à-dire lorsqu'il est purifié, illuminé et rendu parfait. Ainsi il représente les neuf degrés des ordres célestes lorsqu'on trouve en lui successivement l'annonce des vérités, leur enseignement, leur direction, le bon ordre, l'affermissement, l'empire sur soi-même, le ravissement, la révélation et l'union, car tous ces degrés correspondent aux neuf ordres des anges. Les trois premiers se rapportent à la nature de l'âme ; les trois qui viennent ensuite, à ses exercices spirituels, et les trois derniers à la grâce. Quand l'âme, enrichie de ces dons, rentre en elle-même, elle pénètre dans la Jérusalem céleste, elle y contemple les chœurs des anges, et y voit Dieu qui a fixé en eux sa demeure et opère toutes leurs œuvres. « Car, dit saint Bernard, Dieu aime dans les Séraphins comme charité; il connaît dans les Chérubins comme vérité; il est assis sur les Trônes comme équité ;

il règne dans les Dominations comme majesté; il gouverne comme principe dans les Principautés; il protège comme salut dans les Puissances ; il opère comme vertu dans les vertus; il éclaire comme lumière dans les Archanges; il assiste comme piété dans les Anges. » Ainsi nous reconnaissons que Dieu est toutes choses en tout, lorsque nous le contemplons en nos âmes où il habite par les dons de sa charité surabondante.

Mais, pour arriver à ce degré de contemplation, nous devons nous appuyer d'une manière spéciale et particulière sur les enseignements de la sainte Ecriture divinement inspirée, comme nous nous sommes appuyés sur la philosophie pour le degré précédent ; car l'objet principal de la sainte Ecriture est de traiter des œuvres de notre réparation. Ainsi elle nous instruit spécialement de la foi, de l'espérance et de la charité, parce que c'est par ces vertus que notre âme se reforme; mais elle traite d'une façon plus spéciale encore de la charité; car l'Apôtre a dit que la charité est la fin des commandements lorsqu'elle vient d'un cœur pur, d'une conscience bonne et d'une foi sincère. Elle est la plénitude de la foi. Et Notre Seigneur lui-même nous assure que la Loi et les Prophètes sont tout entiers dans le double précepte de l'amour de Dieu et du prochain. Or ce double précepte trouve son accomplissement dans l'amour de Jésus-Christ, l'Epoux de l'Eglise. Il est en effet notre Dieu et notre prochain, notre frère et notre Seigneur, notre roi et notre ami, le Verbe incarné et le Verbe incréé, notre Créateur et notre Rédempteur, notre principe et notre fin. Il est le Pontife suprême qui purifie, illumine et perfectionne son épouse, l'Eglise entière et toute âme sainte. C'est de ce Pontife et de la hiérarchie établie par lui que traite toute la divine Ecriture ; c'est par elle que nous apprenons à nous purifier, à nous éclairer, à marcher vers la perfection, et cela selon la loi de la nature, la loi écrite et la loi de grâce; ou plutôt selon les trois parties principales que cette même Ecriture renferme : la loi de Moïse qui purifie, la révélation des Prophètes qui éclaire, et l'enseignement évangélique qui rend parfait. Ou plutôt encore elle nous apprend la même chose selon le triple sens spirituel de ses enseignements : le sens moral, qui nous purifie en nous faisant embrasser une vie exempte de péché; le sens allégorique, qui illumine notre intelligence des splendeurs de la foi ; et le sens mystique qui perfectionne notre âme en la conduisant à sortir d'elle-même et à goûter les suaves délices de la sagesse. Or, c'est en s'appuyant sur les trois vertus théologales, c'est avec ses sens spirituels ainsi reformés, c'est au moyen de ces trois ravissements dont nous avons parlé, et de ces actes hiérarchiques que notre âme rentre au-dedans d'elle-même pour y contempler Dieu dans les splendeurs des saints, pour goûter un sommeil paisible comme sur sa couche et s'y reposer dans le bras de son Epoux qui conjure les filles de Jérusalem de ne pas tirer sa bien-aimée de son repos, jusqu'à ce qu'elle s'éveille d'elle-même.

Ainsi ces deux degrés où nous avons appris à contempler Dieu en notre âme comme dans un miroir qui réfléchit l'image des choses créées, sont comme les deux ailes étendues qui aident le séraphin dans son vol. Par ces deux ailes nous pouvons comprendre que les puissances naturelles de notre âme nous conduisent aux choses célestes par leurs opérations, leurs habitudes et leurs lumières scientifiques. C'est ce que nous avons vu dans le troisième degré. Nous y sommes conduits également par les puissances reformées de notre âme, et cela à l'aide des vertus gratuites, de nos sens spirituels et des ravissements de l'esprit. Nous y arrivons néanmoins aussi par les opérations hiérarchiques qui s'accomplissent en nous : la purification, l'illumination et la perfection de nos âmes, opérations où nous sommes aidés par la révélation des saintes Ecritures que nous avons reçues des anges, selon cette parole de l'Apôtre : La loi nous a été donnée par les anges et par l'entremise d'un médiateur. Enfin nous y arrivons par les ordres hiérarchiques que nous pouvons disposer en notre âme à l'instar de celles de la Jérusalem céleste.

Quand la divine sagesse a ainsi rempli cette aine de tant de lumières, Dieu habite en elle comme en sa demeure; car elle est devenue sa fille, son épouse, sa bien-aimée; elle est un membre de Jésus-Christ, son chef; elle est sa sœur, sa cohéritière; elle est le temple du Saint-Esprit, temple fondé par la foi, élevé par l'espérance, et consacré par la pureté du corps et de l'esprit. Tout cela s'accomplit par la charité de Jésus-Christ qui est répandue en nos cœurs par le Saint-Esprit, qui nous a été donné et sans lequel nous sommes impuissants à connaître les secrets de Dieu. Car de même que nul ne peut savoir ce qu'il y a en l'homme si ce n'est son esprit qui habite en lui, ainsi personne ne connaît ce qui est en Dieu

CHAPITRE IV

sinon l'esprit de Dieu. Etablissons-nous donc et enracinons-nous dans la charité afin de comprendre avec tous ses saints la longueur de son éternité, la largeur de sa libéralité, la sublimité de sa majesté et la profondeur de ses jugements pleins de sagesse.

CHAPITRE V
De la contemplation de l'unité divine par son nom principal, qui est l'ETRE.

Nous pouvons contempler Dieu non-seulement hors de nous et en nous, mais encore au-dessus de nous; hors de nous par les traces de sa présence empreintes dans les créatures, en nous par son image, et au-dessus de nous par la lumière dont il a gravé le sceau en notre âme, par la lumière de l'éternelle vérité qui a formé elle-même cette âme. Ceux qui se sont exercés dans le premier degré, sont entrés dans le parvis placé devant le tabernacle; ceux qui ont parcouru le second, se sont avancés jusque dans le lieu saint; et ceux qui ont passé par le troisième, ont pénétré avec le Grand-Prêtre jusque dans le Saint des saints, où les glorieux Chérubins élevés au-dessus de l'arche ombragent de leurs ailes le propitiatoire. Or, par ces deux Chérubins sont représentés les deux modes ou les deux degrés par lesquels nous contemplons ce qui est invisible et éternel en Dieu. Le premier s'attache à son essence sacrée, le second à la propriété des personnes divines. Le premier mode fixe principalement et avant tout son regard sur l'Etre lui-même, car il nous dit que ce nom il est, est le premier nom de Dieu. Le second considère ce qui est bon en Dieu, et il nous apprend que la bonté est le premier de ses noms. Le premier se rapporte davantage au Testament ancien, qui annonce surtout l'unité de Dieu ; ainsi il a été dit à Moïse : Je suis celui qui est. Le second regarde plutôt le Nouveau, où la pluralité des personnes divines est déterminée dans le baptême au nom du Père et du Fils et du Saint-Esprit. Aussi le Seigneur notre maître, voulant élever à la perfection évangélique un jeune homme qui avait accompli la loi, donne-t-il à Dieu d'une manière principale et exclusive le nom de bon.

« Personne n'est bon, si ce n'est Dieu seul. » Ainsi saint Jean de Damas, suivant Moïse, dit : Celui qui est le premier nom de Dieu;

et saint Denis, s'attachant à Jésus-Christ, dit : Bon est le premier nom de Dieu.

Que celui donc qui désire contempler ce qui est invisible en Dieu, quant à son unité, fixe ses regards sur son être lui-même, et qu'il reconnaisse que cet être est une qualité si certaine en Dieu qu'on ne saurait le concevoir sans elle; car l'être absolu ne peut se montrer sans exclure entièrement le néant, comme le néant est entièrement l'opposé de l'être. De même donc que le néant parfait n'a rien de l'être ni de ses qualités, de même l'être n'a rien du non-être, ni dans ses actes, ni dans sa puissance, ni en réalité, ni dans notre appréciation. Le néant étant la privation de l'existence, ne peut même être compris que par l'être, tandis que l'être, pour être conçu, n'a pas besoin d'un secours étranger, car tout ce qui est connu par notre intelligence l'est ou comme n'étant pas, ou comme possible, ou comme réel. Si donc le non-être ne peut être conçu que par l'être, et l'être possible que par l'être réel et actuel ; si le nom d'être exprime l'acte simple de l'existence, il s'ensuit que l'être est la première idée qui tombe en notre intelligence, et que cet être est celui qui a l'existence pure et actuelle. Mais cet être n'est point un être particulier, car l'être particulier est renfermé en des limites et se trouve lié à l'être possible; ce n'est point non plus un être en général, car un tel être n'a point d'existence actuelle, attendu qu'il ne saurait en avoir en aucune façon. Il faut donc que cet être soit l'Etre divin.

C'est un aveuglement singulier de notre intelligence de ne point considérer ce qui s'offre d'abord à ses regards, ce sans quoi il lui est impossible de rien connaître. Mais de même que l'oeil fixé sur diverses couleurs ne voit point la lumière qui les lui découvre ou ne la remarque pas s'il la voit, de même l'ail de notre âme, arrêté sur les êtres particuliers et généraux, oublie l'être par excellence, bien qu'il s'offre tout d'abord à ses regards et que le reste ne soit visible que par lui. Cet œil de notre âme se montre donc, en présence de tout ce qu'il y a de plus éclatant dans la nature, réellement semblable à l'œil des oiseaux nocturnes en présence de la lumière. Accoutumé aux ténèbres des êtres créés, aux fantômes des choses sensibles, notre esprit s'imagine ne rien apercevoir alors qu'il s'arrête sur les splendeurs mêmes de l'Etre souverain, ne comprenant pas que cette obscurité si profonde, qui semble alors le frapper, est la plus brillante des illuminations. Ainsi l'œil de notre corps s'arrêtant sur la pure lumière du soleil, croit ne rien voir.

Contemplez donc l'être très-pur et par excellence, si vous le pouvez; vous comprendrez qu'il est impossible de se le représenter comme recevant l'existence d'un autre, et qu'ainsi il doit nous apparaître nécessairement comme l'être premier sans restriction, gomme rétro qui ne saurait tirer son origine du néant, ni d'un être quelconque. En effet, que serait l'être existant par lui-même, s'il n'était point le principe et la cause de son existence? Vous le verrez ensuite entièrement étranger à toute imperfection, et par conséquent n'ayant jamais commencé, ne devant jamais finir, mais demeurant éternellement. En troisième lieu, tout ce qu'il possède n'est que l'être lui-même, et ainsi il n'est point composé, mais d'une simplicité parfaite. Quatrièmement, il n'a rien en lui à l'état de possible, car tout ce qui est possible participe au néant par un côté, et ainsi il est souverainement actuel. Cinquièmement, il n'y a en lui rien de défectible, et ainsi il a la perfection suprême. Enfin, vous ne trouverez en lui aucune diversité, et par là vous comprendrez qu'il est souverainement un.

L'être qui est purement, simplement et absolument, est donc l'être premier, éternel et très-simple, l'être très-actuel, très-parfait et souverainement un. Toutes ces idées sont tellement certaines que cet être ne peut s'offrir à notre intelligence avec rien qui leur soit opposé, et que l'une entraîne nécessairement la vérité des autres. Ainsi, comme il est l'être simplement, il s'ensuit qu'il est simplement premier; étant simplement premier, il n'a pas reçu l'existence d'un autre, il ne se l'est pas donnée à soi-même : donc il est éternel. De même, comme il est premier et éternel, et qu'ainsi il n'est pas composé de plusieurs autres, il est donc un être très-simple. Ensuite étant premier, éternel et très-simple, rien à l'état de possible n'est mélangé à ce qui est actuel en lui, et ainsi il est un être très-actuel. De ce qu'il est premier, éternel, très-simple et très-actuel, il s'ensuit qu'il est très-parfait; car rien ne manque à celui qui réunit ces qualités et rien de nouveau ne saurait s'ajouter à ce qu'il possède. De tout cela, il faut conclure qu'il est souverainement un ; car lorsque nous lui attribuons une surabondance en tout genre, cette idée s'étend à toutes ses perfections; mais lorsque nous disons que cette surabondance est absolue, nous déclarons qu'elle ne saurait convenir qu'à un seul. Si donc Dieu exprime l'idée d'être premier, éternel, très-simple, très-actuel, très-parfait, il est impossible de penser qu'il n'est pas, ou qu'il n'est pas un. Ecoute donc, ô Israël, ton Dieu est un Dieu unique.

Si vous voyez ces choses dans la pure simplicité de votre esprit, vous êtes déjà éclairé des rayons de la lumière éternelle; mais il y a ici de quoi vous transporter d'admiration. Cet être est en même temps le premier et le dernier, éternel et très-présent, très-simple et très-grand, très-réel et très-immuable, très-parfait et immense, souverainement un et renfermant tout en lui. Si vous admirez tout cela avec une âme pure, portez vos regards plus avant et vous serez éclairé d'une lumière plus grande encore, car vous découvrirez qu'il est le dernier parce qu'il est le premier. En effet, étant le premier, il a tout fait à cause de lui-même, et ainsi il est nécessaire qu'il soit la fin dernière, le principe et la consommation, l'alpha et l'oméga. Fous découvrirez qu'il est très-présent parce qu'il est éternel; car ce qui est éternel n'est point terminé par quelque chose, ne cesse pas en soi-même, ne passe pas d'une chose à une autre, n'a en soi ni passé ni futur, et est ainsi très-présent. Dieu est très-grand parce qu'il est très-simple. En effet, étant très-simple en son essence, il doit être très-grand en vertu : car, plus la vertu est une, plus elle est infinie. Il est très-immuable parce qu'il est très-réel ; car, l'être très-réel est à l'état d'existence simple, et dès-lors il ne peut rien acquérir ni rien perdre de ce qu'il possède, et par conséquent il est immuable. Il est immense parce qu'il est très-parfait, car la perfection suprême est telle qu'on ne peut rien imaginer de meilleur, de plus excellent, de plus digne, de plus grand, et ainsi ce qui est très-parfait est nécessairement immense. Enfin, il renferme tout parce qu'il est souverainement un; car, par cette unité suprême, il est le principe universel de tous les êtres, et par là même il est leur cause efficiente, leur modèle et leur terme; ou autrement, il est la source de leur existence, la raison de leur intelligence et la règle de leur vie. Il est donc tout, non par essence, mais comme cause surexcellente, universelle et très-suffisante de tous les êtres; et comme la vertu d'une telle cause est souverainement une en son essence, il s'ensuit qu'elle est souverainement infinie et multiple en ses effets.

Reprenons et disons : l'Etre très-pur et absolu qui est l'être simplement, étant le premier et le dernier, est le principe et la fin suprême de toutes choses. Il est éternel et très-présent : donc il embrasse et pénètre toutes les durées comme leur centre et leur circonférence. Il est très-simple et très-grand : donc il est tout entier cri toutes choses, et tout entier hors d'elles ; et ainsi il est une sphère intelligible dont le centre est partout et la circonférence nulle part. Il est très-réel et très-immuable : donc, en demeurant dans cette immutabilité, c'est lui qui donne le mouvement à tous les êtres. Il est très-parfait et immense : donc il est en toutes choses sans y être renfermé, hors de toutes choses saris en être exclu, au-dessus sans être plus élevé, au-dessous sans être plus bas. Il est souverainement un et il réunit toutes les manières d'être: donc il est tout en tous, quoique ce mot de tout embrasse une multitude de choses et que Dieu ne soit qu'un ; car, par son unité très-simple, sa vérité très-pure, sa bonté très-réelle, il y a en lui toute vertu, tout modèle et toute puissance pour se communiquer; et ainsi de lui, par lui et en lui sont toutes choses, parce qu'eu lui nous avons la toute-puissance, la science parfaite, la bonté suprême; et le voir parfaitement, c'est posséder le souverain bonheur, selon cette parole adressée à Moïse : Je te montrerai tout bien.

CHAPITRE VI
De la contemplation de la Trinité bienheureuse en son nom, qui est SOUVERAINEMENT BON.

Après avoir considéré Dieu en son essence, il nous faut élever le regard de notre intelligence à la contemplation de la Trinité bienheureuse, et de la sorte les deux chérubins du propitiatoire seront placés l'un contre l'autre. De même donc que l'être est le principe d'où nous devons partir pour contempler l'essence de Dieu, et le nom qui nous conduit à la connaissance de ses autres attributs, ainsi le souverain bien est le fondement principal sur lequel nous devons nous appuyer pour considérer les émanations divines. Remarquez donc que le bien souverain simplement dit est tel qu'on ne saurait se représenter rien de meilleur et par là même se le figurer consume n'existant pas, car l'être est une condition meilleure que le non-être; et il est tel qu'on ne peut le concevoir réellement sans qu'il soit triple et un en même temps. En effet le bien aime naturellement à se répandre; donc le bien suprême aime à se répandre d'une manière infinie. Mais cette diffusion souveraine ne peut être qu'actuelle et intrinsèque, substantielle et hypostatique, naturelle et volontaire, libre et nécessaire, incessante et parfaite. Si donc dans le bien suprême il n'y avait pas éternellement une production actuelle et consubstantielle, une production de personne égale en noblesse au principe d'où elle sort, par voie de génération et d'amour ; si ce bien n'était pas principe éternel d'un principe se communiquant également de toute éternité, par l'amour mutuel qui procède de l'un et de l'autre, et de la sorte Père, Fils et Saint-Esprit, ce bien suprême ne serait pas, parce qu'il ne se répandrait que d'une manière imparfaite, car l'effusion qui a lieu dans le temps, en faveur de la créature, n'est qu'un point en comparaison de l'immensité de la bonté éternelle. L'effusion la plus grande que l'on puisse imaginer est donc celle où le principe communique toute sa substance et sa nature, et le bien suprême ne serait pas s'il pouvait être ou si l'on pouvait le concevoir autrement.

Si donc vous le pouvez, contemplez du regard de votre âme l'excellence de cette bonté qui est l'acte pur d'un principe aimant souverainement d'un amour gratuit et obligatoire en même temps, et opérant par cet amour une effusion de lui-même très-parfaite, naturelle et volontaire, une effusion produisant le Verbe, qui est l'expression de toute sa pensée et le Don qui renferme tous les autres dons. Vous pourrez, en considérant cette communication suprême, comprendre que la Trinité, qui est le Père, le Fils et le Saint-Esprit, existe nécessairement. En ces personnes la bonté souveraine produit naturellement une communication sans limites; celle-ci engendre une consubstantialité parfaite; de cette consubstantialité naît une ressemblance entière; de ces perfections réunies, une égalité totale, et par là une éternité co-existante ; enfin, tout cela produit une union intime qui fait qu'une personne est en l'autre par une pénétration réciproque et suprême; que l'une opère avec l'autre sans distinction aucune de substance, de vertu et d'action.

Mais, lorsque vous contemplez ces choses, gardez-vous bien de penser que votre intelligence embrasse celui qui est incompréhensible; car il vous reste encore à considérer, dans ces divers attributs, des choses bien propres à transporter d'admiration le regard de votre esprit. En cette Trinité bienheureuse la puissance communicative suprême est unie à la propriété des personnes; l'unité des substances, à leur pluralité ; la souveraine similitude, à la distinction qui leur est inhérente ; l'égalité parfaite, à un rang différent ; la coexistence éternelle, à une émanation comme d'un principe; et enfin, il y a une co-intimité mutuelle, avec émission d'une des personnes. Qui donc, à la vue de merveilles si prodigieuses, ne sera point rempli d'étonnement? Et cependant ces merveilles, nous comprenons qu'elles sont réellement en la Trinité très-sainte, si nous voulons élever nos regards vers sa bonté sur excellente. Car, s'il y a en elle une communication suprême et une effusion véritable, il y a nécessairement un principe et quelque chose qui en est distinct. Et comme ce qui est communiqué l'est tout entier et non en partie, ce principe se donne nécessairement tel qu'il est et sans réserve. Donc celui qui est produit et celui qui produit se distinguent par des propriétés particulières et sont un en substance. Mais ces propriétés étant distinctes, il s'ensuit des qualités propres à chacune d'elles : leur pluralité personnelle, l'émanation d'un principe, un ordre non de temps mais d'origine, une émission s'opérant non par un changement de lieu mais par inspiration gratuite, par une raison d'autorité de la part de celui qui produit et envoie, par rapport à celui qui est envoyé. Ces trois personnes étant un en substance, il s'ensuit encore nécessairement qu'il y a en elles unité d'essence, de beauté, d'excellence, d'éternité, d'existence et d'immensité.

Lorsque vous considérez ces merveilles séparément et en elles-mêmes, c'est la vérité seulement qui s'offre à vos regards; mais si vous les contemplez dans leur rapport mutuel, c'est alors que votre admiration peut se répandre en transports. Si donc vous voulez vous élever par cette admiration à la contemplation la plus sublime, ayez soin d'embrasser en vos méditations toutes ces choses réunies. C'est ce que nous enseignent les Chérubins qui se regardaient l'un l'autre le visage tourné vers le propitiatoire. Et cela n'a pas lieu sans mystère : c'est l'accomplissement de cette parole du Seigneur dans saint Jean : « La vie éternelle consiste à vous connaître, vous qui êtes le seul Dieu véritable, et Jésus-Christ que vous avez envoyé. » Car nous ne devons pas admirer seulement en elles-mêmes les qualités de l'essence de Dieu et les personnes divines, mais les considérer encore dans leur rapport ineffable avec l'union de Dieu et de l'homme dans l'unité de personne en Jésus-Christ.

Si donc vous êtes l'un de ces chérubins, en contemplant l'essence de Dieu, si vous êtes dans l'admiration en reconnaissant que l'être divin est tout à la fois le premier et le dernier, éternel et très-actuel, très-simple et très-grand, présent partout et non contenu par aucun lieu, souverainement réel et toujours immuable, très-parfait et n'ayant rien d'inutile, ne souffrant aucune diminution, mais immense et sans limite, souverainement un et réunissant les qualités de tous les êtres, renfermant. toutes choses, toute vertu, toute vérité, tout bien; si, dis-je, vous êtes l'un de ces chérubins, tournez vos regards vers le propitiatoire, et soyez dans l'admiration en voyant que le premier principe s'est uni avec le dernier, Dieu avec l'homme formé au sixième jour de la création, l'Eternel avec une créature soumise aux vicissitudes des temps et née de la Vierge en leur plénitude, le très-simple avec celui qui est composé par essence, le très-agissant avec celui qui est passif et mortel, le Dieu très-parfait et immense avec celui qui est faible et petit, enfin l'Etre souverainement un et réunissant toutes qualités avec un être individuel, composé et distinct de tous les autres, avec Jésus-Christ homme.

Si maintenant vous désirez tenir la place du second de ces chérubins, en contemplant les propriétés des personnes divines ; si vous considérez avec admiration comment la communication existe en elles avec ce qui leur est propre : l'unité de substance avec la pluralité, l'égalité parfaite avec un rang distinct, l'éternité avec la production, la co-intimité avec l'émission, puisque le Fils a été envoyé par le Père, et le Saint-Esprit par le Père et le Fils, en demeurant toutefois toujours avec eux sans jamais s'en éloigner; si, dis-je, vous voulez être le second de ces chérubins, tournez encore vos regards vers le propitiatoire et admirez comment en Jésus-Christ se trouve une personne unique, trois substances, deux natures; comment il y a unité parfaite de consentement avec pluralité de volontés; comment tout annonce Dieu et l'homme avec des propriétés diverses ; comment il y a une seule adoration avec des grandeurs différentes, une seule glorification suprême avec des dignités distinctes, une seule domination avec des puissances inégales. C'est dans cette considération que l'esprit s'illumine d'une manière parfaite, alors qu'il contemple, comme dans le sixième jour de la création, l'homme formé à l'image de Dieu. Car, l'image étant l'expression de l'objet qu'elle représente, lorsque notre âme fixe ses regards sur Jésus-Christ, qui est, par sa nature, l'image du Dieu invisible, et qu'elle considère notre humanité si admirablement exaltée en lui, si ineffablement unie à sa personne, en voyant en lui le premier et le dernier, le plus haut et le plus bas, le centre et la circonférence, l'alpha et l'oméga, la cause et l'effet, le Créateur et la créature, le livre écrit au-dedans et au-dehors, elle se trouve déjà parvenue à quelque chose de parfait. Qu'elle s'efforce donc, en ce sixième degré comme en un sixième jour, d'arriver avec l'aide de Dieu à la perfection de ses divines illuminations, afin qu'il ne lui reste plus qu'à entrer dans le jour du repos, où l'activité de notre esprit se reposera de ses œuvres dans la joie d'un saint ravissement.

CHAPITRE VII
Du ravissement spirituel et mystique, dans lequel le repos est donné à notre intelligence et notre affection passe tout entière en Dieu.

Nous avons parcouru les six considérations précédentes comme autant de degrés qui nous conduisent au trône du vrai Salomon et nous font arriver à la paix, où, comme au milieu d'une Jérusalem toute intérieure, l'homme pacifique goûte dans le calme de son âme les douceurs du repos. Nous avons fixé nos regards sur les six ailes du séraphin, à l'aide desquelles l'âme du vrai contemplatif, éclairée des splendeurs de la divine sagesse, peut s'élever au-dessus de ce monde ; nous avons suivi successivement les six premiers jours de la création, pendant lesquels notre âme s'est livrée à un pieux exercice afin d'arriver au septième, où il lui sera permis de se reposer. Notre esprit a contemplé Dieu hors de lui-même par les traces de sa puissance et par les vestiges de sa présence en ses créatures; au-dedans de nous par son image et en son image; au-dessus de nous par la ressemblance de sa divine lumière qui nous éclaire, et en cette lumière elle-même autant qu'il est possible à la condition de notre vie et à la puissance de notre âme. Enfin, au sixième degré nous sommes arrivés à considérer dans le principe premier et souverain, dans Jésus - Christ, médiateur entre Dieu et les hommes, des merveilles qui surpassent la pénétration de l'intelligence humaine. Il nous reste donc à passer et à nous élever dans la contemplation de ces choses, non-seulement au-dessus de ce monde sensible, mais encore au-dessus de nous-mêmes. Pour arriver là, Jésus-Christ est la voie et la porte, l'échelle et le char ; il est comme le propitiatoire placé sur l'arche de Dieu, et le mystère caché aux peuples anciens, Celui donc qui tourne entièrement ses regards vers ce propitiatoire sacré; celui qui contemple par la foi, l'espérance, la charité, la dévotion, l'admiration, l'allégresse, un hommage suprême, la louange et la jubilation, le Seigneur crucifié; celui-là, dis-je, fait la Pâque avec lui. Aidé de la verge de la croix, il passe la mer Rouge et s'avance de l'Egypte dans le désert. Là il goûte une manne cachée, il se repose avec Jésus-Christ dans le tombeau ; il est comme mort aux choses extérieures; il éprouve en lui-même autant qu'il est possible en cette vie la vérité de cette parole adressée par Jésus au larron : Vous serez aujourd'hui avec moi dans le paradis.

C'est là le bonheur dont fut comblé le bienheureux François lorsque, dans les ravissements de sa contemplation, sur la montagne où j'ai conçu en mon esprit le présent ouvrage, un séraphin lui apparut portant six ailes et attaché à une croix, selon que nous l'avons appris en ce lieu d'un de ses compagnons qui était alors avec lui. Il passa en Dieu par le transport de sa contemplation, et il devint un modèle du contemplatif parfait, comme il l'avait été auparavant de l'homme voué à la vie active. Comme un autre Jacob il fut changé en Israël, Dieu voulant ainsi inviter, plus par son exemple que par sa parole, les hommes vraiment spirituels à tenter un pareil passage, à s'avancer vers de tels ravissements.

Or, ce passage, s'il est parfait, doit laisser derrière lui toutes les opérations de l'intelligence, transporter en Dieu et transformer en lui sans réserve toute l'affection de la volonté. Mais c'est là une faveur mystérieuse et secrète que nul ne connaît si ce n'est celui qui la reçoit, que nul ne reçoit s'il ne la désire, et qu'on ne saurait désirer sans être embrasé jusqu'en ses profondeurs par le feu de l'Esprit-Saint que Jésus-Christ a envoyé à la terre. Voilà pourquoi l'Apôtre nous dit que cette sagesse mystérieuse a été révélée par l'Esprit-Saint. Puis donc que la nature ne peut rien et la science que peu de chose pour conduire là, il faut peu donner aux recherches et beaucoup à l'onction, peu à la langue et beaucoup à la joie intérieure, peu à la parole, à l'écriture et tout au don de Dieu, à l'Esprit-Saint, peu ou rien à la créature, mais tout à la substance créatrice, au Père, au Fils et au Saint-Esprit, et s'écrier avec saint Denis : « Trinité au-dessus de toute essence et divine par excellence, auteur souverainement bon de la sagesse chrétienne, dirigez-nous vers les hauteurs inconnues, lumineuses et sublimes de vos enseignements mystiques, où les mystères nouveaux, absolus, permanents et immuables de la théologie se découvrent dans les ténèbres resplendissantes d'un silence qui enseigne des choses inconnues, dans des ténèbres dont l'obscurité profonde surpasse en éclat ce qu'il y a de plus lumineux, éclaire de toute sa lumière et remplit des splendeurs des bienheureux les intelligences qu'elle ravit à la terre. »

Ces paroles s'adressent à Dieu. Disons maintenant avec le même saint à l'ami pour qui ces choses sont écrites : « Pour vous, ô mon bien-aimé, affermissez-vous dans la voie des contemplations mystiques, et pour cela laissez de côté vos sens et les opérations intellectuelles, les choses sensibles et les choses invisibles, ce qui est comme ce qui n'est pas, et élevez-vous autant que vous le pourrez à ce Dieu que vous ne connaissez pas et qui est au-dessus de toute essence et de toute science. C'est en vous séparant et vous délivrant de toutes choses, en dérobant entièrement et sans réserve votre âme à vous-même et à tout le reste, que vous monterez vers le rayon suressentiel des divines ténèbres. »

Maintenant, si vous me demandez comment tout cela se fait, je vous répondrai : Interrogez la grâce et non la science, le désir et non l'intelligence, les gémissements de la prière et non l'étude des livres, l'Epoux et non le maître, Dieu et non l'homme, l'obscurité et non la clarté; non la lumière qui brille, mais le feu qui embrase tout de ses ardeurs et transporte en Dieu par une onction ravissante et par une affection dévorante. Ce feu c'est Dieu même, et le foyer où il se fait sentir est la sainte Jérusalem. C'est Jésus-Christ qui l'allume par l'ardeur de sa Passion brûlante, et celui-là seul en ressent les atteintes, qui s'écrie : « Mon âme a désiré s'élever et mes ossements ont demandé la mort. » Celui qui désire une telle mort peut voir Dieu, car il a été dit avec vérité : « L'homme ne me verra pas sans mourir. » Mourons donc et entrons dans les ténèbres;

imposons silence aux sollicitudes, aux concupiscences, aux vains fantômes de la terre, et passons avec Jésus crucifié de ce monde à notre Père, afin qu'après l'avoir vu, nous disions avec Philippe : Cela nous suffit, afin que nous entendions avec saint Paul : Ayant ma grâce, c'est assez, afin qu'avec David nous soyons dans la joie et que nous nous écriions : « Ma chair et mon cœur ont été dans la défaillance. O Dieu ! vous êtes le Dieu de mon cœur et mon partage pour l'éternité. Que le Seigneur soit béni éternellement et que tout son peuple dise : Qu'il en soit ainsi ! Amen. Amen ! »